典藏中国·中国古代壁画精粹

灵丘觉山寺壁画

杨平　主编

浙江摄影出版社

全国百佳图书出版单位

觉山寺外景

　　觉山寺，位于山西省大同市灵丘县城东南15千米处，西临唐河，建于北魏太和七年（483），辽、明、清时曾多次修葺，现存庙宇多为清代重建。寺内的辽代砖塔及塔内壁画为全寺艺术之精华。塔为辽大安六年（1090）所建，是一座典型的密檐八角砖塔。从塔身底层进入塔内，可以看到八角形塔芯（又称"中心塔柱"）矗立中央，与塔体内壁形成回廊结构，塔内壁、塔柱外壁16面墙除南北门洞外，都绘满了精美的壁画，总面积达92平方米，据考其中有81平方米为辽代原作。

　　觉山寺塔内的壁画内容和布局较为特殊，除中心塔柱南壁和南北门洞两侧的佛、菩萨、飞天外，其余12个壁面绘制的都是明王、天王、金刚等护法神形象。在主要壁面安置四大天王、八大明王，寓意着由天王、明王守护圣域，使正法永驻。这种对明王的格外尊崇和明王画的排列组合方式，均来自唐代密教的遗存，是辽代壁画继承唐风的有力例证。

　　在艺术特色上，觉山寺塔壁画也是唐代天王、力士类壁画的优秀继承者，水平毫不逊色于许多敦煌唐代壁画作品。觉山寺塔壁画中最耀眼的，便是这些肌肉丰隆、须发飞扬的明王、天王、金刚、鬼卒等形象，他们个个形体魁梧强壮，姿态威猛凶悍，面部表情或愤怒或威严或狰狞，既写实，又夸张，形神兼备，令观者骇然。

　　画法方面，觉山寺塔壁画直接在炭条画稿基础上施彩，以彩色颜料之浓淡晕染彰显形象的凹凸、明暗、服饰细节。色彩以赭、红、白色为主，兼用青、绿、黄、酱诸色，简淡而古雅。最典型的便是壁画中八大明王的肌肉部分，纯以不同单色色彩晕染而成。明王的手臂、胸腹，甚至面部，都被这种鼓鼓的块状肌肉填满，视觉上极富力量感，在夸张中迸显着艺术的张力。该壁画的线描，主要运用在面部、衣纹、发须、飘带、肢体关节等处，多为兰叶描，线条劲利，变化灵活。

　　从题材到形式，觉山寺塔壁画都突出地体现了辽代时期的美术风格，既延续唐代之风韵，也展现出草原民族尚武磅礴的特点，乃辽代寺观壁画不可多得的宝贵遗例。壁画整体舒朗大气，达到不落凡俗的艺术水准。

扫一扫
看更多

觉山寺塔内西北壁东方持国天王头部特写

1

觉山寺塔内西北壁东方持国天王及其眷属

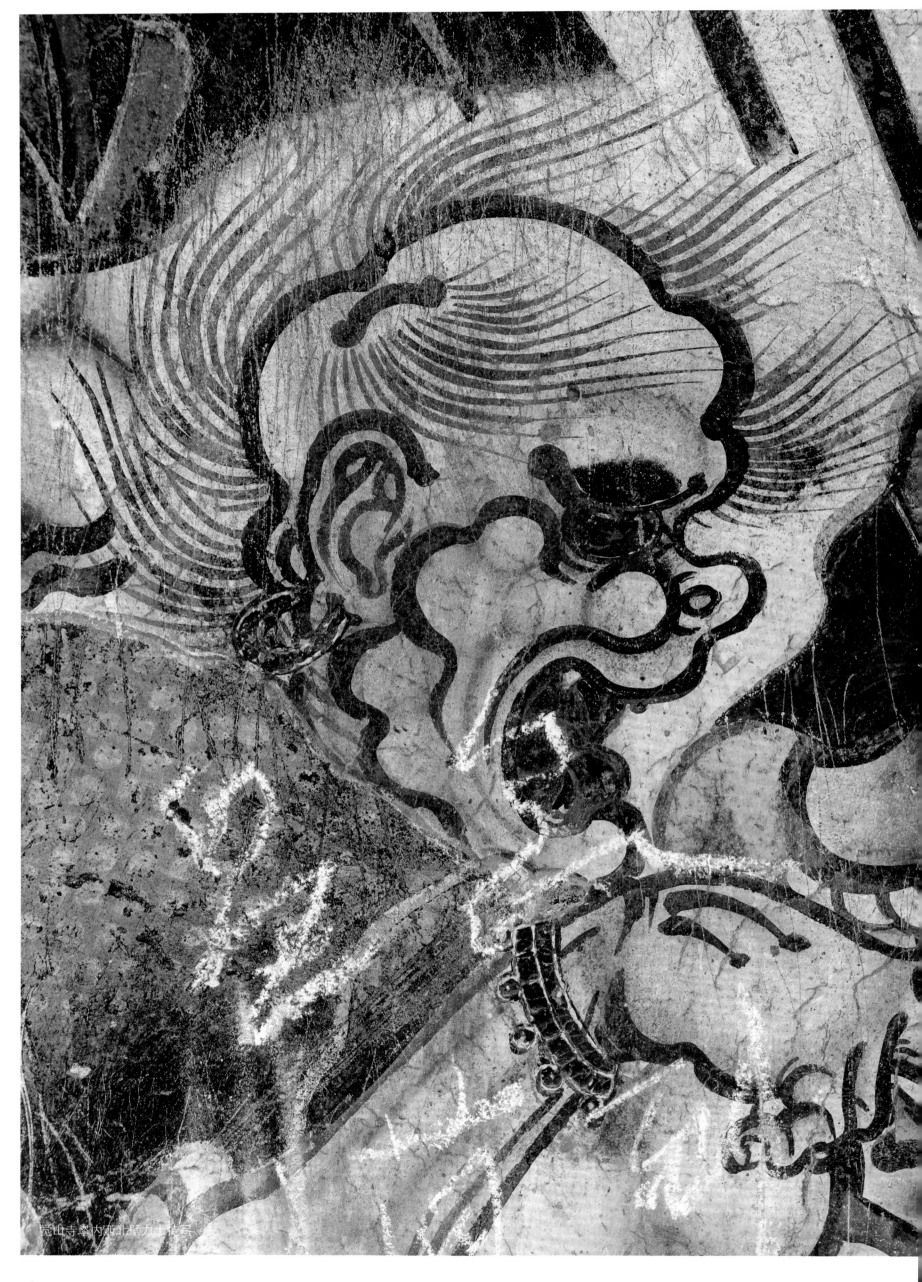

岚山寺塔内西北壁力士特写

觉山寺塔内西北壁力士头部特写

觉山寺塔内西北壁力士头部特写

觉山寺塔内西北壁力士头部特写

觉山寺塔内西北壁力士头部特写

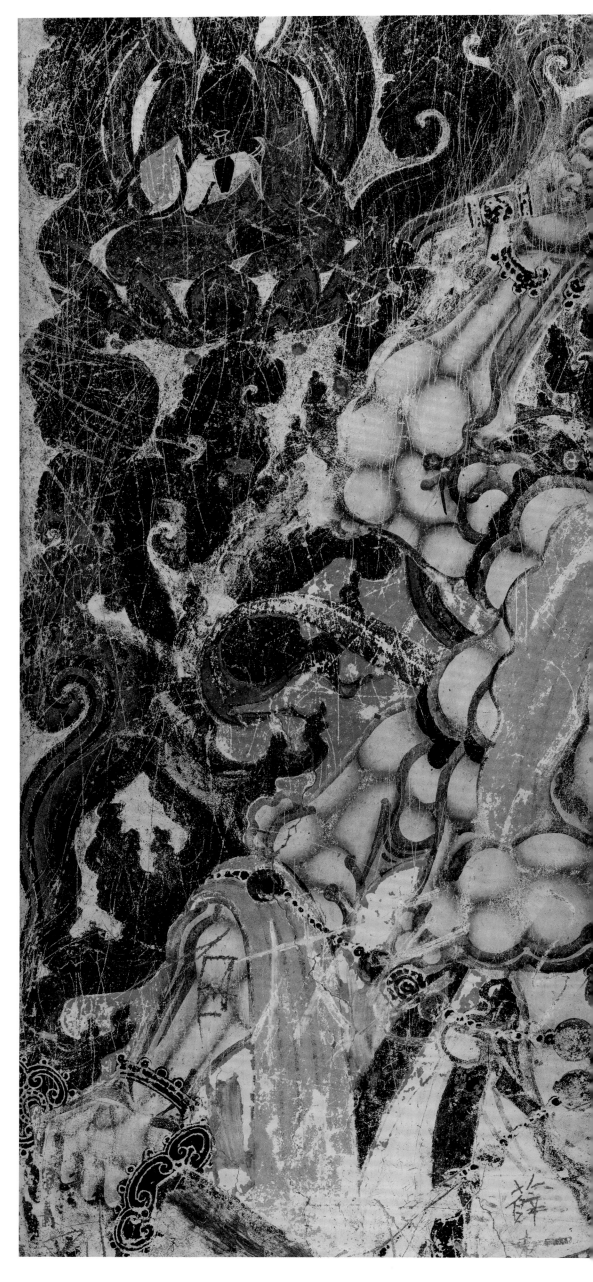

觉山寺塔塔柱西北壁马头明王

9

觉山寺塔柱西北壁高僧

崇山寺塔林西北壁菩萨

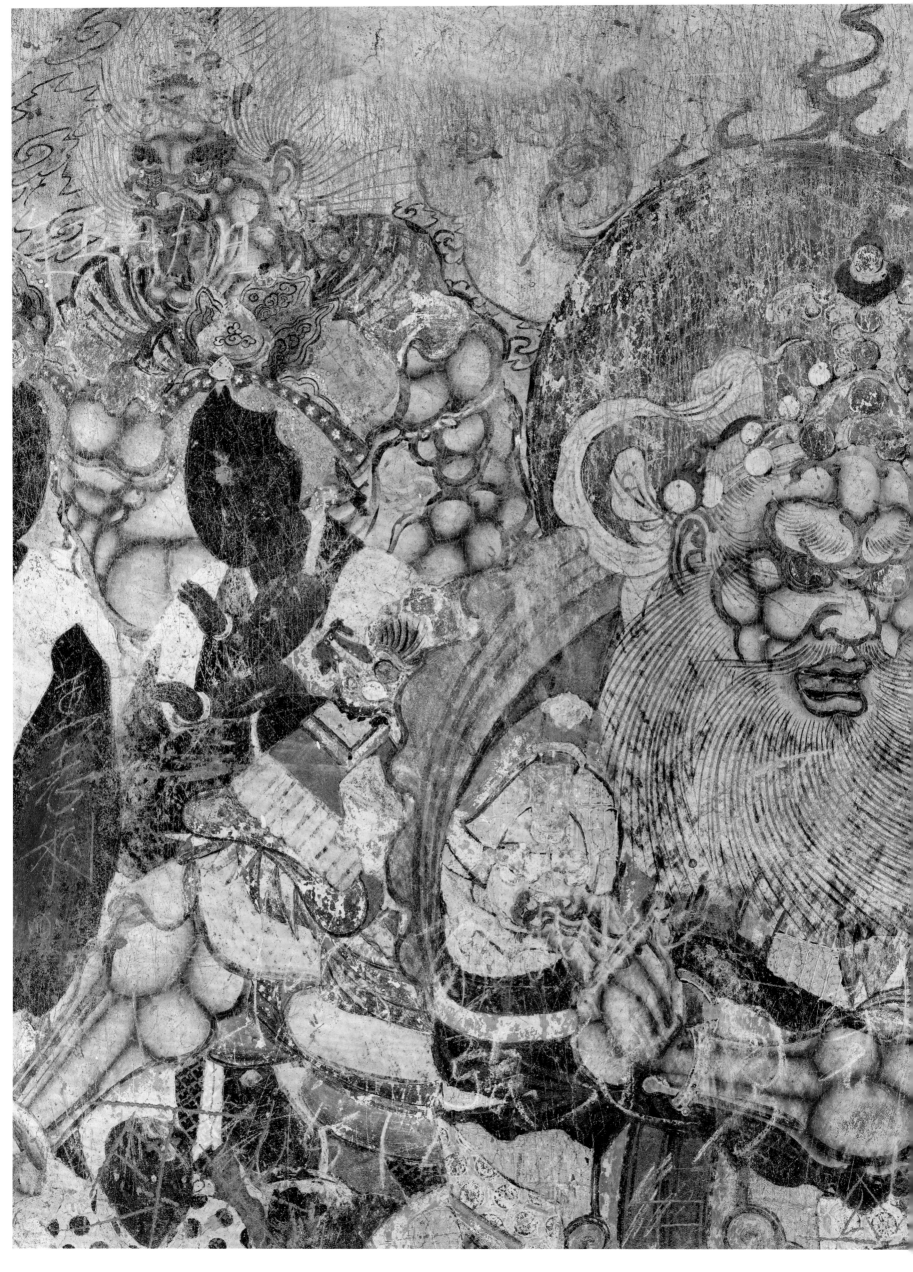

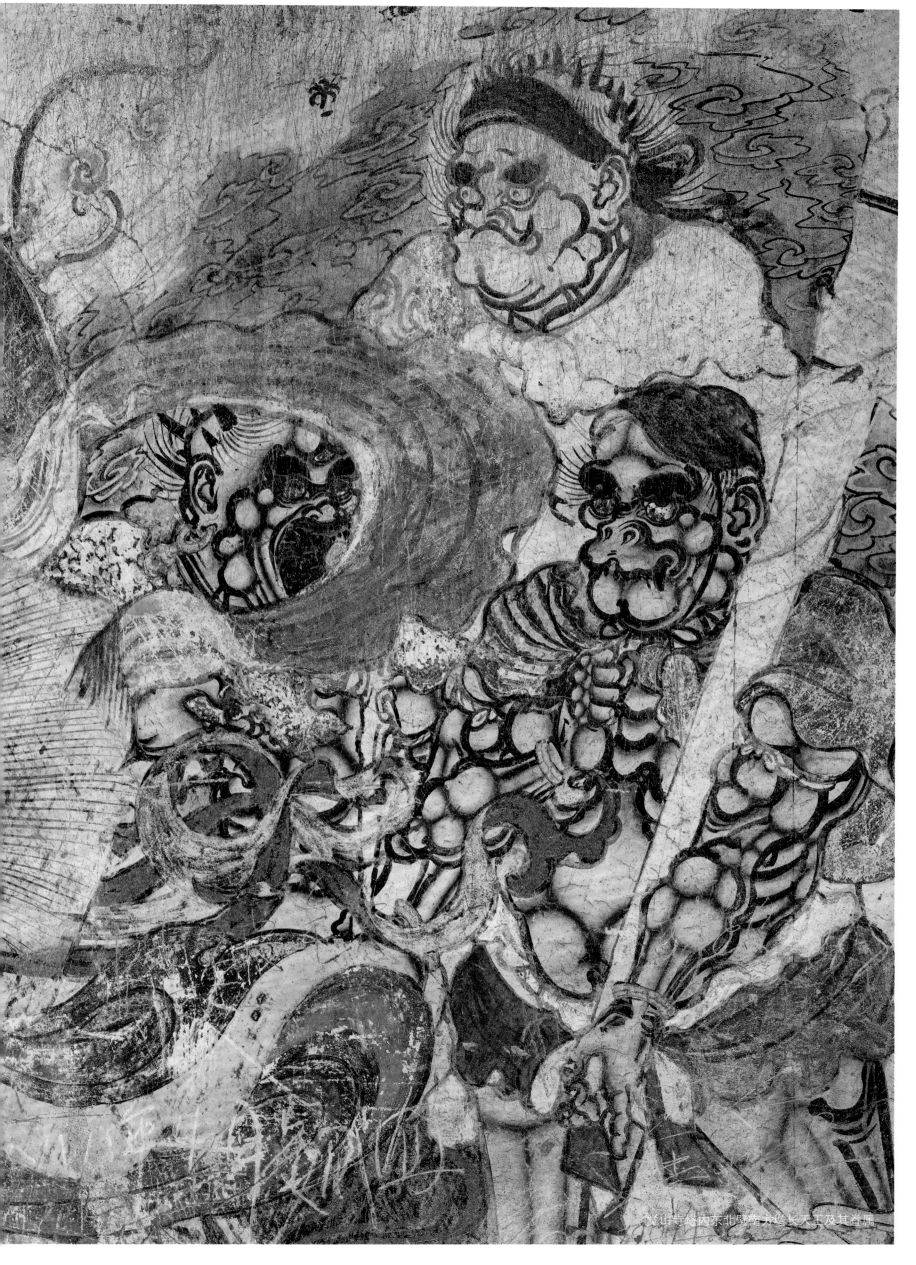

觉山寺塔内东北壁所绘增长天王及其眷属

13

觉山寺塔内东北壁儒生

觉山寺塔内东北壁童子

觉山寺塔塔柱东北壁壁画之 刚明王

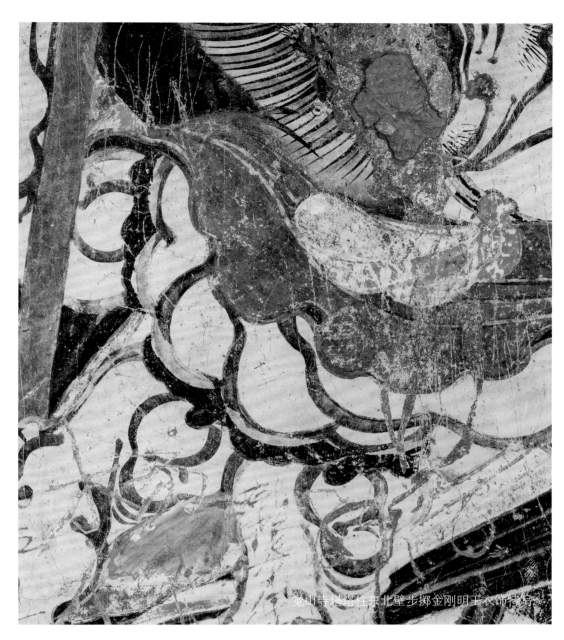

觉山寺塔塔柱东北壁步掷金刚明王衣饰特写

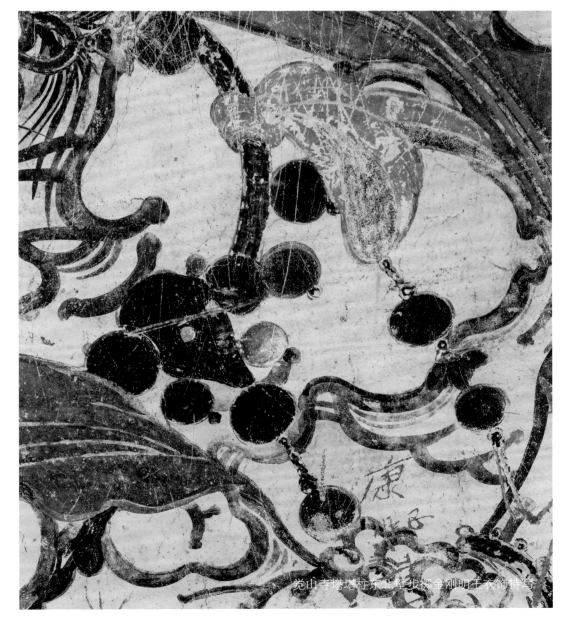

觉山寺塔塔柱东北壁步掷金刚明王衣饰特写

觉山寺塔内东壁不动尊明王左侧眷属

19

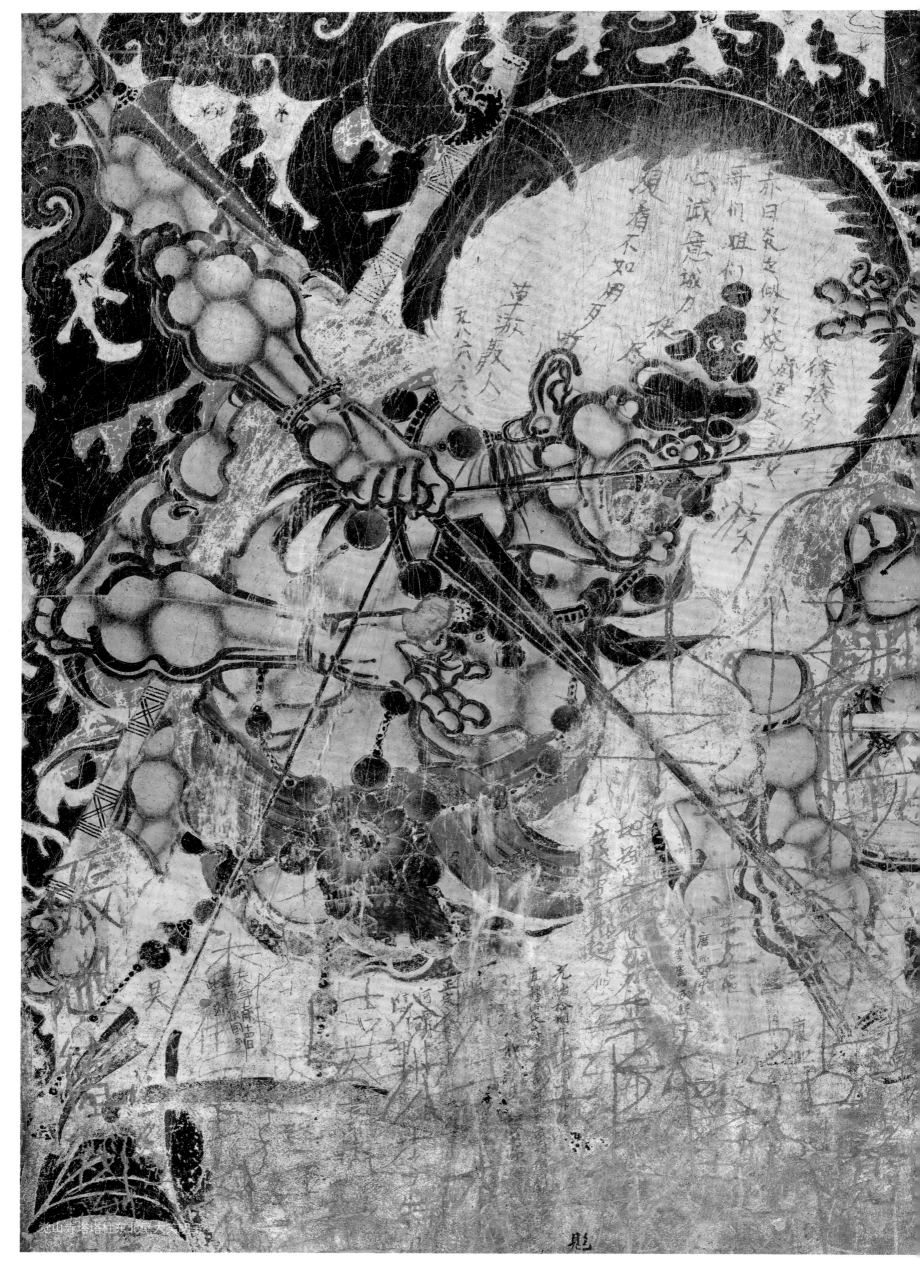

灵山寺塔柱东北壁大气明王

觉山寺塔塔柱东北壁大笑明王手部特写

觉山寺塔塔柱外东北壁大笑明王手部特写

觉山寺塔内东南壁西方广目天王及其眷属

觉山寺塔内东南壁力士头部特写

觉山寺塔内东南壁力士头部特写

崖山海塔内东南壁官员头部特写

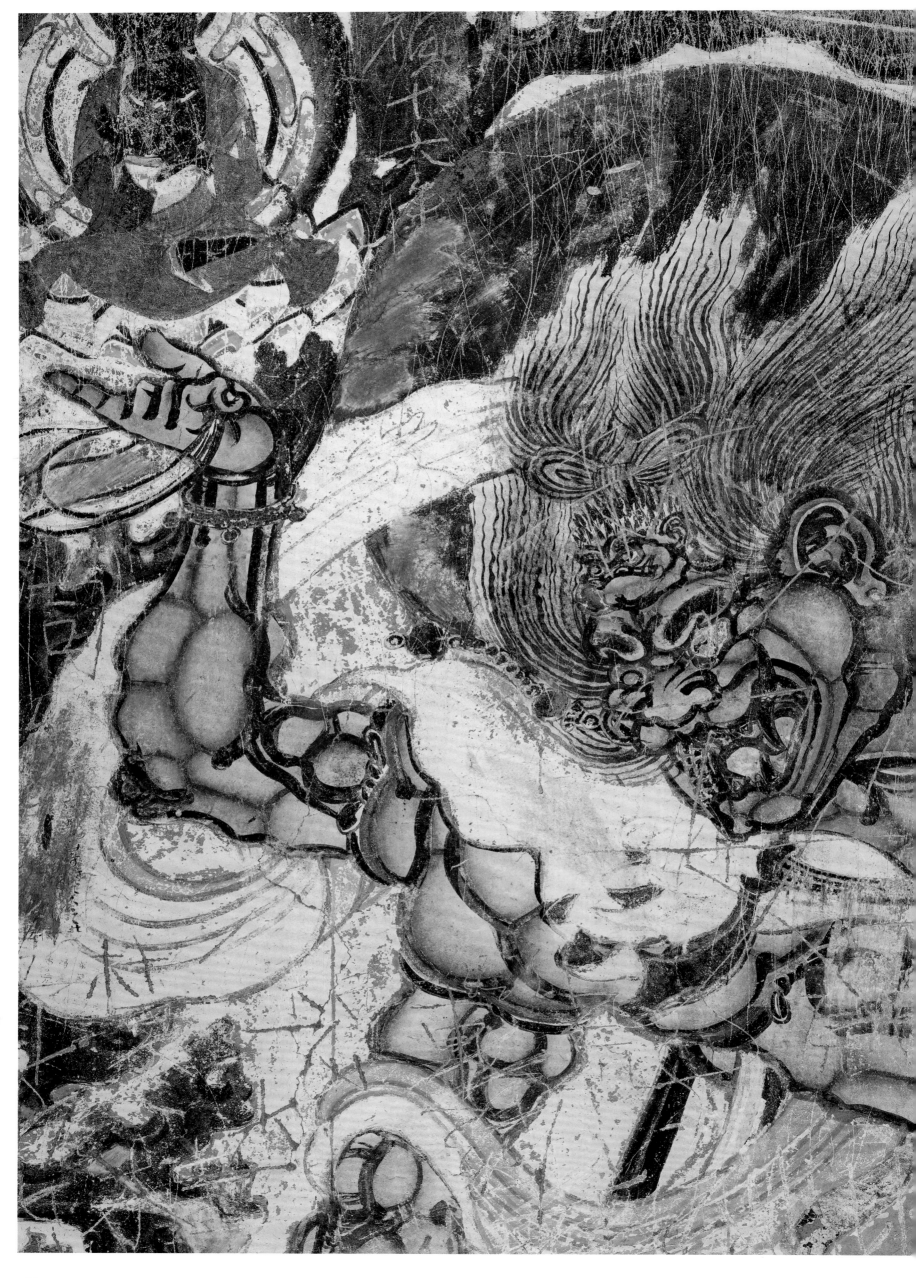

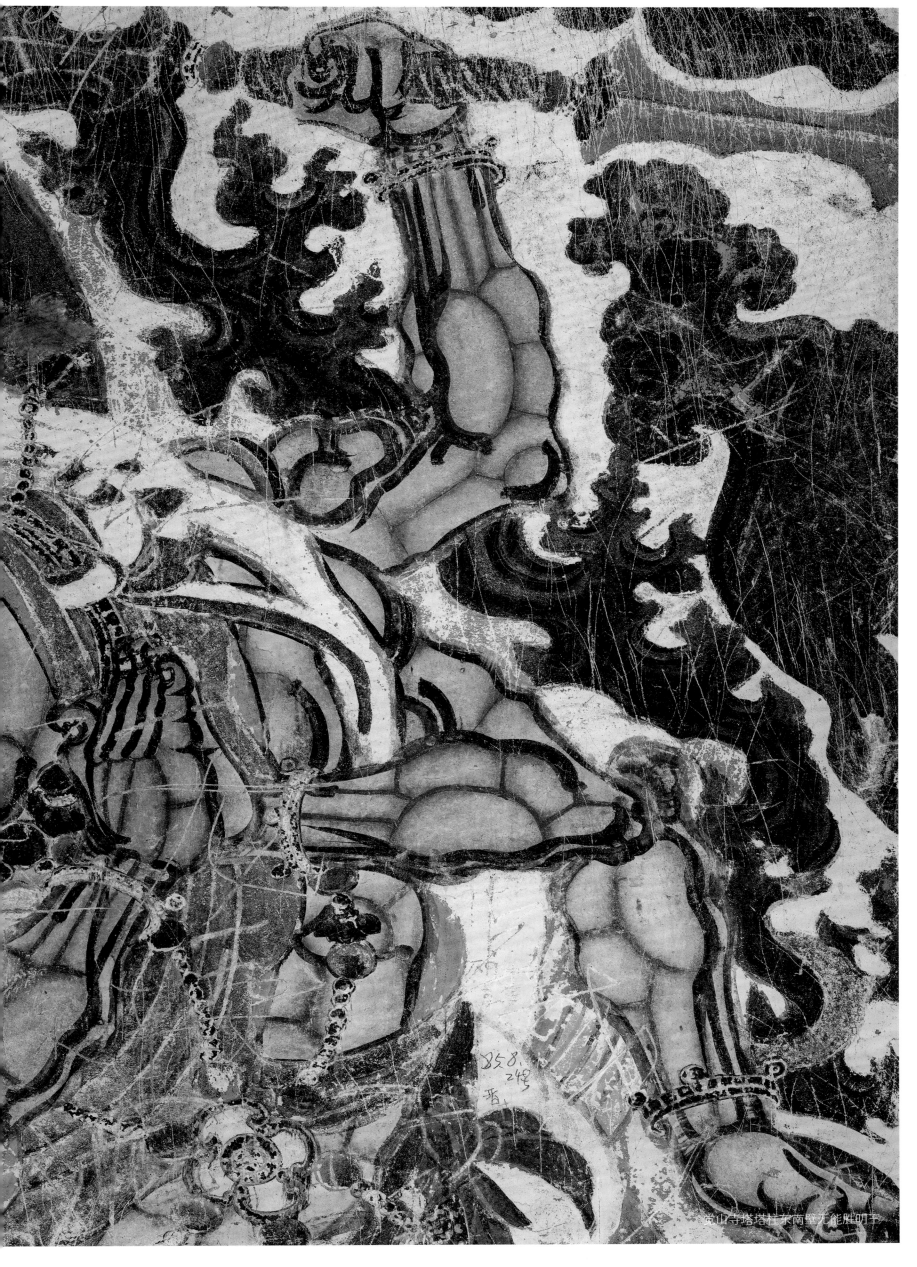

觉山寺塔塔柱东南壁无能胜明王

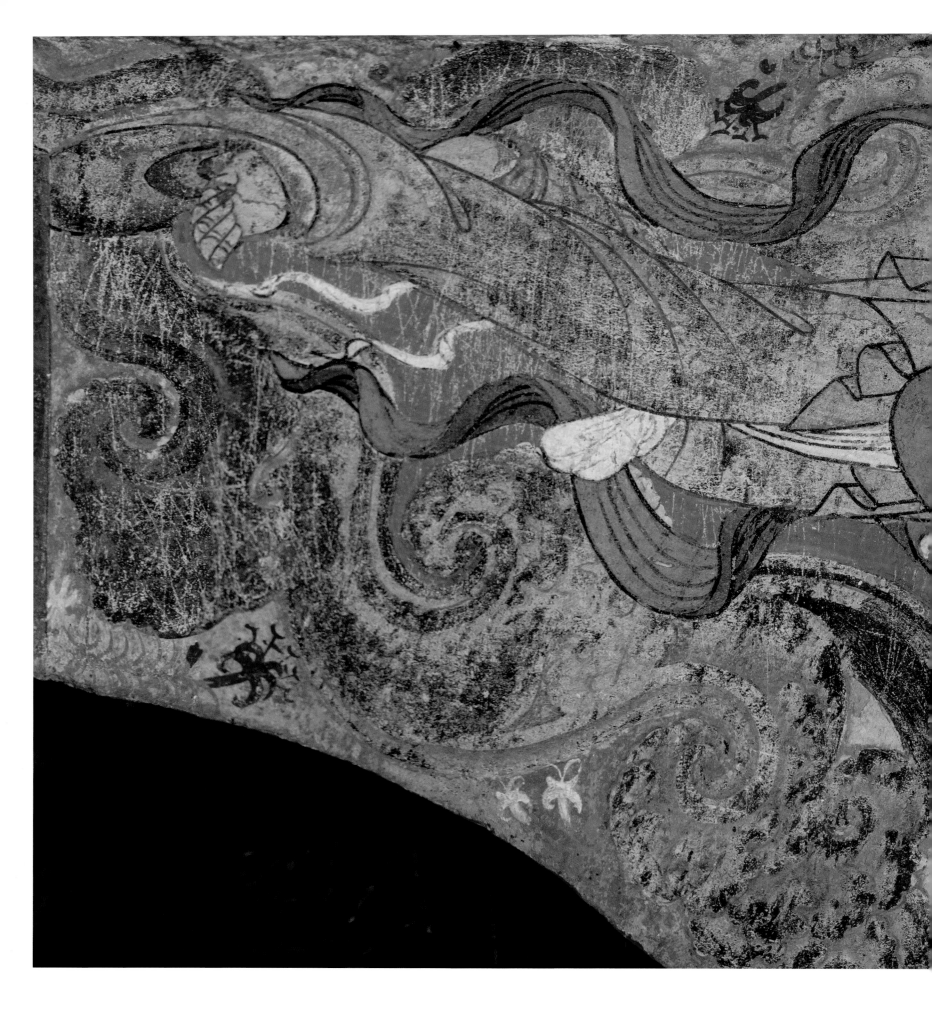

觉山寺塔内南壁洞门西侧飞天

觉山寺塔内南壁洞门东侧飞天

觉山寺塔内西南壁侍女

觉山寺塔内西南壁北方多闻天王半身像

觉山寺塔内西南壁力士头部特写

觉山寺塔内西南壁力士头部特写

觉山寺塔内西南壁力士头部特写

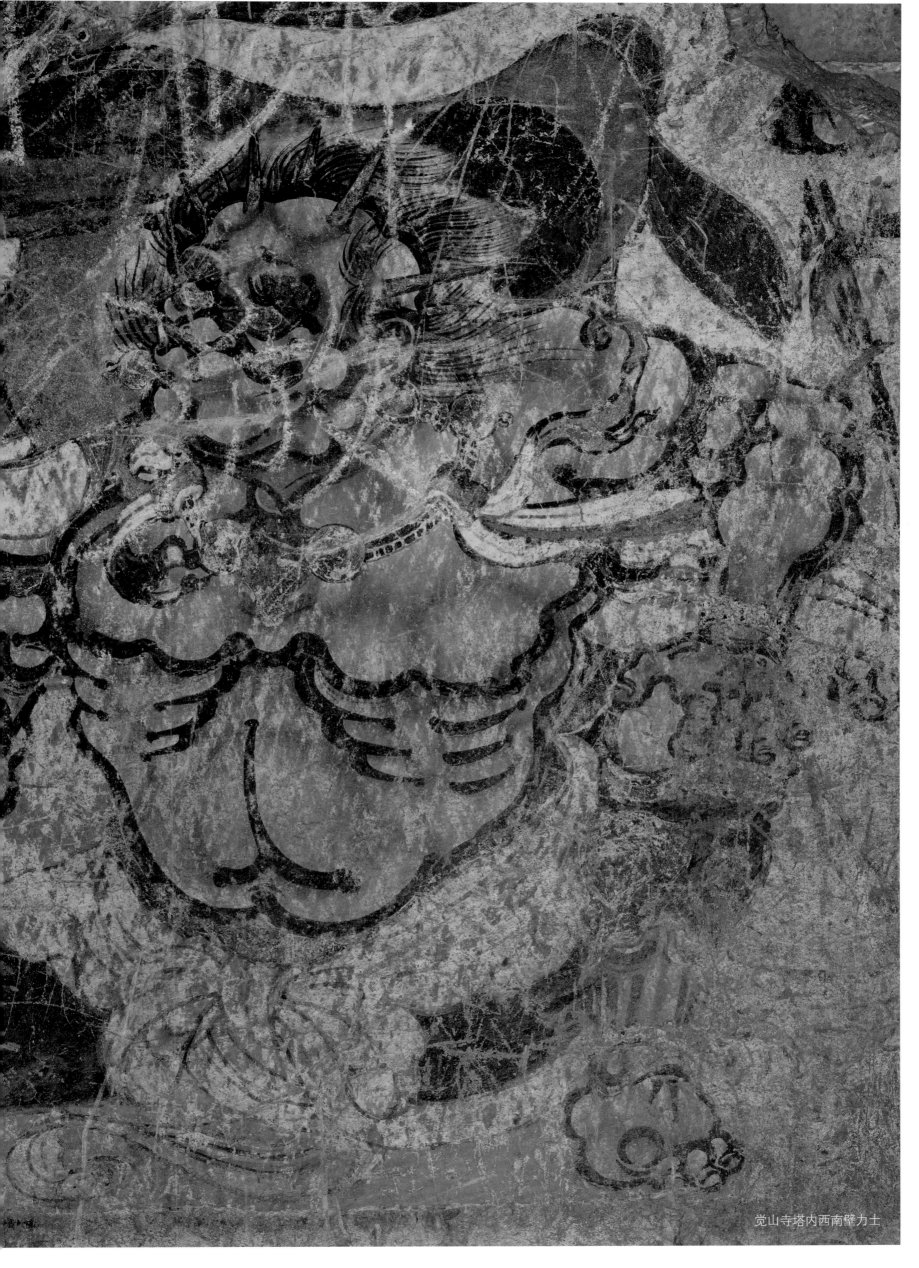

觉山寺塔内西南壁力士

35

觉山寺塔塔柱西南壁大轮明王

36

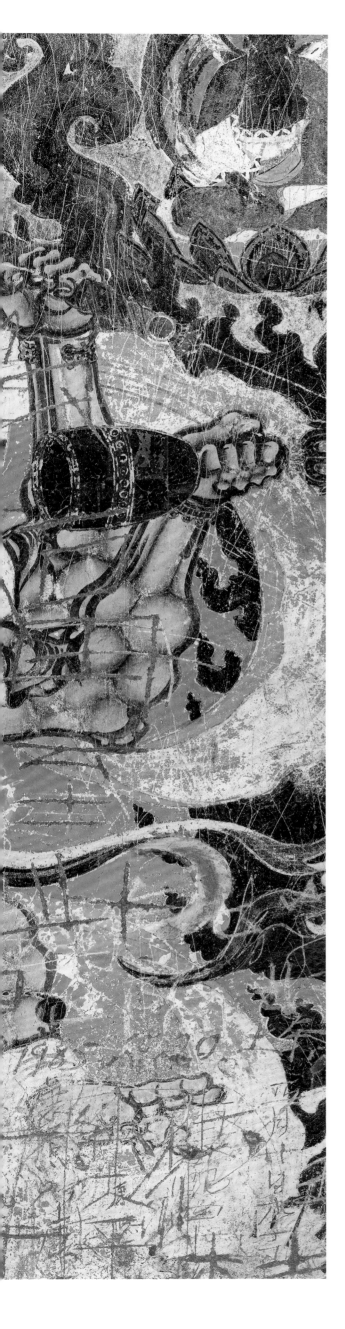

觉山寺塔塔柱西南壁大轮明王手部特写

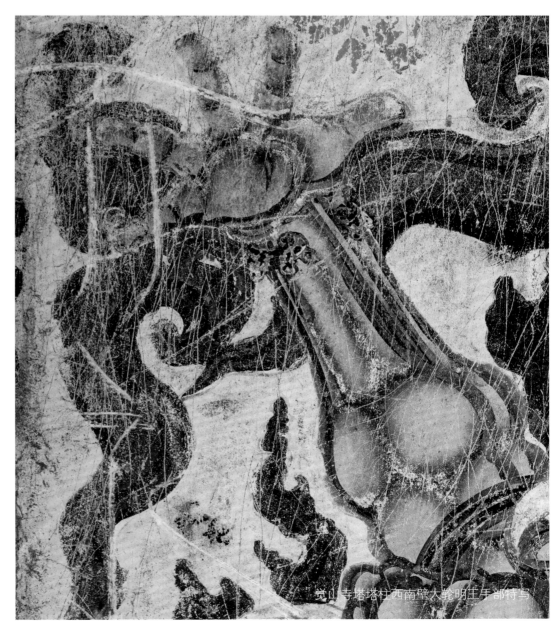

觉山寺塔塔柱西南壁大轮明王手部特写

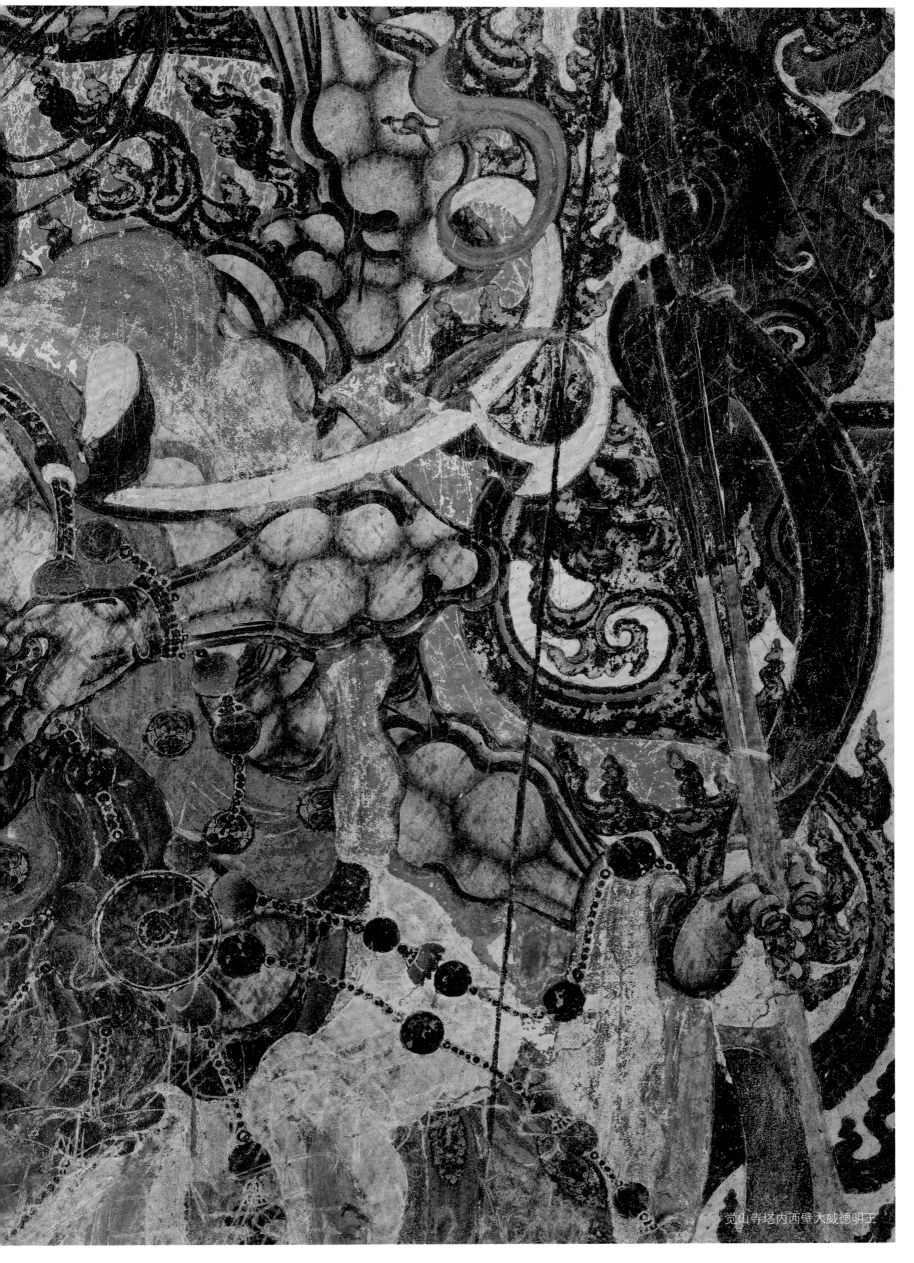

觉山寺塔内西壁大威德明王

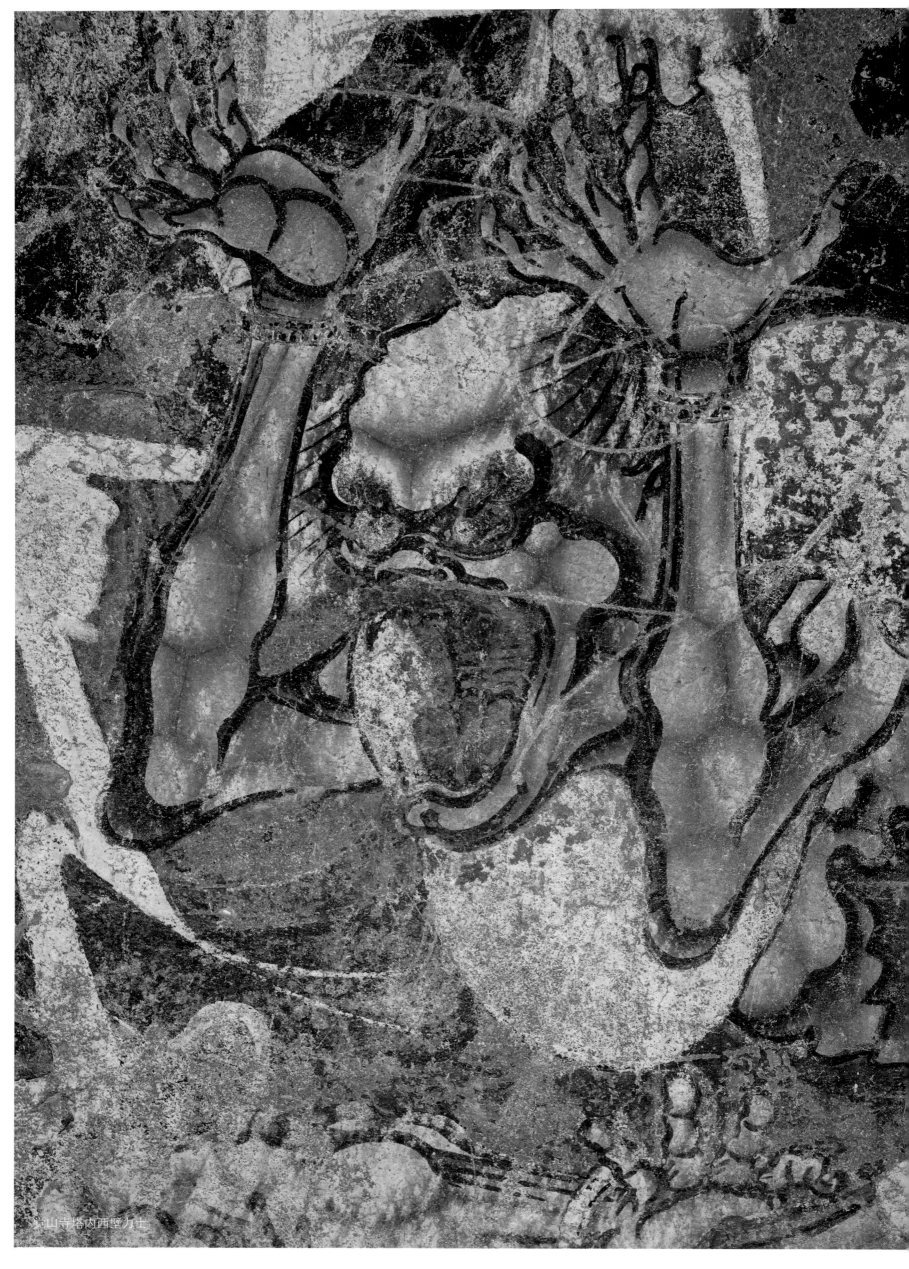

宝山寺塔内西壁力士

宝山寺塔内西壁 力士

41

责任编辑：王嘉文　张　磊
装帧设计：杭州大视角文化传播有限公司
责任校对：朱晓波
责任印制：汪立峰
摄　　影：薛华克　欧阳君　张卫兵　张晓磊
撰　　稿：李玲玉

图书在版编目（CIP）数据

灵丘觉山寺壁画 / 杨平主编. -- 杭州 ：浙江摄影
出版社，2023.1（2023.8重印）
（典藏中国. 中国古代壁画精粹）
ISBN 978-7-5514-4099-8

Ⅰ．①灵… Ⅱ．①杨… Ⅲ．①寺庙壁画－灵丘县－辽
代－图集 Ⅳ．①K879.412

中国版本图书馆CIP数据核字(2022)第159071号

典藏中国·中国古代壁画精粹
LINGQIU JUESHANSI BIHUA

灵丘觉山寺壁画

杨平　主编

全国百佳图书出版单位
浙江摄影出版社出版发行
　　地址：杭州市体育场路347号
　　邮编：310006
　　电话：0571-85151082
　　网址：www.photo.zjcb.com
制版：杭州大视角文化传播有限公司
印刷：杭州捷派印务有限公司
开本：787mm×1092mm　1/8
印张：5.5
2023年1月第1版　2023年8月第2次印刷
ISBN 978-7-5514-4099-8
定价：68.00元